AF391246

CATALOGUE

DE

TABLEAUX ANCIENS

DES DIVERSES ÉCOLES

A Mme la Comtesse G***

DE

TABLEAUX

DE L'ÉCOLE FRANÇAISE

Appartenant à M. F***

ET DE

BONS DESSINS ANCIENS

DONT LA VENTE AURA LIEU

HOTEL DES COMMISSAIRES-PRISEURS
Rue Drouot, n° 5
SALLE N° 5

Le Samedi 2 Février 1867, à deux heures.

Par le ministère de Me **CHARLES PILLET**, C^{re}-Priseur,
rue de Choiseul, 11,
Assisté de **M. DHIOS**, Expert, rue Le Peletier, 33,
Chez lesquels se distribue le présent Catalogue.

EXPOSITION PUBLIQUE

Le VENDREDI 1er Février 1867, de une heure à cinq heures.

PARIS — 1867

EXEMPLAIRE DE DHIOS

CATALOGUE

DE

TABLEAUX ANCIENS

DES DIVERSES ÉCOLES

A Mme la Comtesse G***

DE

TABLEAUX

DE L'ÉCOLE FRANÇAISE

Appartenant à M. F***

ET DE

BONS DESSINS ANCIENS

DONT LA VENTE AURA LIEU

HOTEL DES COMMISSAIRES-PRISEURS

Rue Drouot, n° 5

SALLE N° 5

Le Samedi 2 Février 1867, à deux heures.

Par le ministère de Me **CHARLES PILLET**, C^{re}-Priseur,
rue de Choiseul, 11,

Assisté de **M. DHIOS**, Expert, rue Le Peletier, 33,

Chez lesquels se distribue le présent Catalogue.

EXPOSITION PUBLIQUE

Le VENDREDI 1er Février 1867, de une heure à cinq heures.

PARIS — 1867

CONDITIONS DE LA VENTE

Elle aura lieu au comptant.

Les Acquéreurs paieront cinq pour cent en sus du prix d'adjudication.

L'Exposition mettant les Acquéreurs à même de se rendre compte de l'état des Tableaux, il ne sera reçu aucune réclamation après l'adjudication prononcée.

DÉSIGNATION

DES TABLEAUX

Appartenant à Mme la Comtesse G***.

BARROCHE

1 — Tête de jeune homme.

BELLINI (Attribué à JOUANÈS).

2 — Sainte Famille.

BIBBIENA (PAUL)

3 — Six Tableaux représentant des ports de mer et
des palais italiens.

CARRACHÉ (ANNIBAL)

4 — Portrait présumé de ce peintre.

CERQUOZZI (MICHEL)

5 — Halte de Bohémiens près d'une ville.

6 — Bohémiens à la porte d'une auberge.

DESIDERIO

7 — Le Martyre d'un Saint.

FALCONE (ANNIELLO)

8 — La Conversion de saint Paul.

FORTE (LUCAS)

9 — Tulipes.

10 — Groupe de lis.

GUARDI (Genre de)

11 — Paysage.

GIROLAMO DE VIGNOLA

12 — Deux Enfants de Donateurs et deux Saints en adoration devant la Vierge et l'Enfant Jésus.

LANFRANC (JEAN

13 — Tête de Vieillard,

MASSIMO (le chevalier)

14 — L'Enfance de Bacchus.

MASSIMO (le chevalier)

15 — Enfants et Fleurs.

16 — Samson et Dalila.

NANI (JEROMIO)

17 — Quatre Tableaux de Fleurs.

NEGRONO (PETRUS). 1555

18 — Deux Saints en adoration devant la Vierge et Jésus.

PANINI (Genre de)

19 — Deux Paysages avec ruines antiques.

PASCIECIO DE ROSA

20 — Ange adorant la Vierge et Jésus.

POLIDORE DE CARAVAGE

21 — Adoration de la Vierge.

PEREZ (B.)

22 — Oiseaux, Fruits et Légumes.
23 — Fruits.

PIETRO DI CORTONI

24 — David montrant au peuple la tête de Goliath.

PORPORA (Paul)

25 — Fleurs et Instruments de musique.

PORPORA (Paul)

26 — Tapis oriental et accessoires divers.

SALARIO (Antonio)

27 — Portrait d'un gentilhomme, en buste, de trois quarts à droite, tête nue, vêtements noirs, les deux mains apparentes.

TASSI (Buonamici)

28 — Paysage rappelant ceux de Claude Lorrain.

VASSARI (Georges)

29 — Isaac et Esaü.

INCONNUS

30 — Cinq Tableaux représentant des groupes de fleurs.

31 — Officiers supérieurs et Courtisane.

32 — Paysage.

BRIL (Paul)

33 — Attaque de voleurs.

LAAR (Pierre de)

34 — Bataille.

35 — Les Œuvres de miséricorde.

MONTRÉAL

36 — Saint Sébastien percé de flèches.

VALENTIN (Attribué à)

37 — Le Reniement de saint Pierre.

RUBENS (D'après)

38 — L'Adoration des Mages.

WALL

39 — Paysage ; tête agreste.

INCONNUS

40 — Fruits.

INCONNUS

11 — Le Saint-Sacrement et des Chérubins.

12 — Vase contenant des fleurs.

13 — Fleurs et Vase en argent.

14 — Fruits et Gibier.

ÉCOLE GOTHIQUE

15 — Le Christ mort, la Vierge et Joseph d'Arimathie.

TABLEAUX ANCIENS

APPARTENANT A M. F***.

CANELLA

16 — Paysage orné de figures.

17 — Paysage; site italien.

ARMAND DUMARESCQ

18 — Le Chien du tambour.

19 — Le Christ sur la croix.

CHARDIN

50 — Portrait de femme. Elle est assise, la main droite appuyée sur le bord d'une table; dans sa main gauche elle tient deux lettres cachetées.

D ROUAIS

160 51 — Portrait de femme, ovale

VAN FALENS

460 52 — Le Retour de la chasse. Importante composition dans le goût de Wouwermann.

GRIMOU

62 53 — Jeune Fille tenant une flûte.

LEBRUN (Ch.)

93 54 — Christ en croix.

LEPRINCE (Henri)

47 55 — Paysage. Vue prise sur les ruines du château d'Arques.

MOUCHERON (Frédéric)

70 56 — Paysage avec fontaine. Sur le premier plan, une bergère assise et un berger debout gardent des moutons. Les figures sont attribuées à Adrien Van den Velde.

VAN DER NEER (Ant.)

29 57 — Paysage-Marine. Vue de Hollande; effet de nuit.

RIGAUD (Hyacinthe)

195 58 — Portrait d'une dame de qualité; elle tient un oiseau sur sa main droite.

DESSINS ENCADRES

DES DIVERSES ÉCOLES

Formant la Collection de M. X***.

BARBIERI (dit Le Guerchin).

59 — Saint François. Beau dessin à la plume.

60 — La Géométrie (allégorie). Dessin à la plume provenant de la collection Denon.

BOLSWERT (D'après Jordans)

61 — Le Berger. Gravure encadrée. Belle épreuve.

PIETRE DE CORTONE

62 — Entrevue de Coriolan et de sa mère. Beau dessin provenant de la collection Norblin.

DIETRICH (C.-W.-E.)

63 — Apollon écorchant Marsyas. Dessin signé et daté 1733. (Cabinet Van den Zunde.)

ARMAND DUMARESCQ

64 — Étude de Grenadier. Épisode de la guerre de Crimée.

65 — Le Trompette sonnant la charge. Belles études.

LAGRENÉE (J.-L.-F.)

66 — Nymphes avec l'Amour. Dessin mêlé d'aqua-
relle.

LEPRINCE (J.-B., 1777).

67 — Villageois conduisant un âne. Joli dessin ; encre
de Chine et sépia.

LEPRINCE (J.-B.)

68 — Paysage avec ruines et figures. Encre de Chine,
signé 1756.

MANTÉGNA (ANDRÉA)

69 — Étude pour une fresque ; composition de neuf
figures. Très-beau dessin, signé.

MILATZ (F.-A.)

70 — Bergers conduisant un troupeau.

MORBLIN (J.-P.)

91 — Villageois conduisant un troupeau de vaches.
Bon dessin.

PALMERIUS, 1775

72 — Paysage. Dessin à la plume.

73 — Pendant au précédent.

Ces deux dessins sont d'une grande finesse d'exé-
cution.

PILLEMENT

74 — Paysage et Maisons. Joli dessin terminé (signé).

PORTA (dit Sulviate)

75 — Le Baptême du Christ. Dessin d'un beau carac-
tère.

REGNAULT (J.-B.)

76 — Scène du Déluge. Dessin terminé, signé.

RIRERA

77 — Saint Pierre. Très-beau dessin rehaussé de
blanc.

BUGENDAS (J.-P.)

78 — Bataille. Grand et beau dessin, signé 1700.

VAN DE WELDE (Adrien)

79 — Étude de femme nue. Sanguine.

80 — Étude d'homme, académie. Sanguine.
Ces deux dessins sont signés.

VERNET (Joseph)

81 — Souvenir de la fontaine de Vaucluse. Dessin à la
mine de plomb.

VERSCHURING (H.)

82 — Bataille (Monogramme). Encre de Chine.

WILLE (J.-G.)

83 — Cour de ferme (signé), 1772.

ANONYME HOLLANDAIS

84 — Exercices militaires. Grand dessin à l'encre de Chine (Collection Norblin).

85 — Quelques bons Tableaux omis au Catalogue seront divisés sous ce numéro.

Renou et Maulde, Imprimeurs de la Compagnie des Commissaires-Priseurs.
rue de Rivoli, 144.